LA
LECTURE SIMPLIFIÉE,

OU

Nouveau Syllabaire Français,

A L'AIDE DUQUEL

LES ENFANS APPRENNENT A LIRE SANS PEINE,
ET EN FORT PEU DE TEMPS.

PARIS,
Chez JEANTHON, LIBR., PLACE S.-ANDRÉ-DES-ARTS, N. 11.

LYON,
Chez { PERISSE FRÈRES, RUE MERCIÈRE, N. 33.
PÉLAGAUD LESNE ET CROZET, RUE MERCIÈRE, N. 26.
FRANÇOIS GUYOT, RUE MERCIÈRE, N. 39.

—

1835.

LA
LECTURE SIMPLIFIÉE

OU

𝔑𝔬𝔲𝔳𝔢𝔞𝔲 𝔖𝔶𝔩𝔩𝔞𝔟𝔞𝔦𝔯𝔢 𝔉𝔯𝔞𝔫𝔠̧𝔞𝔦𝔰,

A L'AIDE DUQUEL

LES ENFANS APPRENNENT A LIRE SANS PEINE,

ET EN FORT PEU DE TEMPS.

LYON,

CHEZ PÉRISSE FRÈRES, RUE MERCIÈRE, N. 33.
CHEZ PELAGAUD LESNE ET CROZET, RUE MERCIÈRE, N. 26.
CHEZ FRANÇOIS GUYOT, RUE MERCIÈRE, N. 39.

―

1835.

LYON. — G. ROSSARY, IMP., RUE ST-DOMINIQUE, N. I.

Avis sur cette méthode.

Si, parmi toutes les méthodes publiées pour apprendre à lire, il en existait quelqu'une qui présentât par gradation les difficultés de la lecture, nous nous serions probablement abstenus de faire paraître celle-ci. Mais on dirait que l'on s'est borné jusqu'ici à faire à ce sujet des livres plus ou moins volumineux, où l'on a amalgamé sans ordre ni plan des combinaisons de lettres, des séries de mots, pris au hasard. Ainsi l'on a multiplié les difficultés, loin de les faire disparaître.

Cependant ici plus qu'en toute autre étude, l'essentiel est de descendre jusqu'aux faibles intelligences des enfans, de leur simplifier les premiers élémens, en ne supposant pas comme connus d'eux des principes dont on ne leur a pas encore parlé, en ne leur présentant pas plusieurs difficultés à la fois etc. Il faut au contraire, passer du plus simple au plus difficile, du connu à l'inconnu, en n'aplanissant qu'une à une les difficultés que l'on a pour ainsi dire appropriées à leur forces. Cette marche est celle de la nature ; son succès est infaillible; l'expérience l'a prouvé. C'est aussi le cadre que nous nous sommes proposé de remplir dans ce nouveau syllabaire, qui présente comme par échelle de progression, toutes les syllabes de la langue française.

D'abord, on commence à montrer à l'enfant les lettres de l'alphabet, cinq par cinq. On aura soin de faire prononcer les consonnes *be, ce, de, fe, ge, le, me, ne, pe, que, re, se, te, ve*, au lieu de *bé, cé, dé; effe*, etc. parce que cette manière d'articuler facilite singulièrement l'épélation des syllabes. On passe aux cinq voyelles, aux dix-huit consonnes, enfin aux quatre sortes d'e, qu'on lui apprend à distinguer par leur son et leurs accens différens. On ne quitte cette leçon que lorsqu'elle se sait de manière à être lue sans faute dans tous les sens.

On va de là au premier tableau, qui se compose de deux lettres. L'enfant prononce d'abord séparément les deux lettres comme suit : *be a*, *ba*; *be e*, *be*; *be i*, *bi*; *be o*, *bo*; *be u*, *bu*. On observera que *c* 1° devant *a*, *o*, *u*; 2° devant une consonne; 3° à la fin d'une syllabe, se prononce *ke*, tandis qu'il a le son de *se* devant *e* et *i*. Ainsi prononcez la troisième ligne du premier tableau, *ke a*, *ka*; *se e*, *se*; *se i*, *si*; *ke o*, *ko*; *ke u*, *ku* : pareillement (deuxième tableau ligne deuxième) *ke le a*, *kla*; *ke le e*, *kle* etc. Il en est de même du *g*; ainsi *ga* se prononce *gue a*, *gua*; *ge*, se prononce *je e*, *je*; *je i*, *ji*; *gue o*, *guo*; *gue u*, *gu*. De même (deuxième tableau) *gla*, prononcez *gue le a*, *gla*; *gue le e*, *gle* etc.

Quand l'enfant sait bien le premier tableau, il passe à la leçon correspondante ; et si, dans le cours de cette leçon, il trouve quelque syllabe qui l'embarrasse, on le ramène au tableau, sur la syllabe en question.

Avant de passer à un autre tableau ou à une autre leçon, il est urgent de faire répéter le tableau et la leçon qui précèdent; et même lorsque l'enfant est déjà avancé, il est bon de revenir de temps en temps sur les premières leçons, pour s'assurer s'il ne les a pas perdues de vue.

Page 34 et suivantes, on prononce à l'enfant les syllabes qui sont dans la marge pour qu'il en retienne le son, par exemple *es* et *ent* se prononce comme l'*e* muet; *ai*, *ei*, *et*, *es*, comme *è* ouvert etc., puis on lui fait dire, à chacune de ces syllabes, la série de mots qui correspond.

Enfin, pages 38 et 39, on lui fait observer que les consonnes doubles se font sentir, et que les lettres italiques *a*, *e*, *i*, *o*, *g*, *m*, *p*, etc., des mots *A*oût, Sa*ô*ne, Jean, O*i*gnon, Faon, Sa*n*gsues, Da*m*né, Ba*p*tiste sont nulles dans la prononciation.

Alphabet minuscule.

a b c d e f g h i
j k l m n o p q
r s t u v x y z

Alphabet majuscule.

A B C D E F G H I J K L M
N O P Q R S T U V X Y Z.

5 *Voyelles.*

a e i o u

18 *Consonnes.*

b c d f g j k l m n p q r s
t v x z.

Quatre sortes d'e.

e   é   è   ê.

Premier Tableau.

1	2	3	4	5
a	e	i	o	u
ba	be	bi	bo	bu
ca	ce	ci	co	cu
da	de	di	do	du
fa	fe	fi	fo	fu
ga	ge	gi	go	gu
ha	he	hi	ho	hu
ja	je	ji	jo	ju
la	le	li	lo	lu
ma	me	mi	mo	mu
na	ne	ni	no	nu
pa	pe	pi	po	pu
qua	que	qui	quo	quu
ra	re	ri	ro	ru
sa	se	si	so	su
ta	te	ti	to	tu
va	ve	vi	vo	vu
xa	xe	xi	xo	xu
za	ze	zi	zo	zu

Première Leçon. 3

1	2	3	4	5
bâ ti	bé ni	bi le	bo xe	bu te
ca na	ce la	ci re	cô te	cu re
da me	de mi	di re	do te	du pe
fa ce	fe ra	fi ne	fo li e	fu te
ga ge	ge lé	gî te	go be	fi gu re
hâ te	hè re	hi e	hô te	hu ne
ja de	je té	gi pe	jo li	ju ge
la me	le vé	li ce	lo ge	lu ne
mâ le	me nu	mi me	mo de	mu le
na ge	Ne va	ni pe	no ce	nu e
pâ le	pe lé	pi le	po re	pu ni
qua si	qué ri	qui ne	quo te	qu'une
ra ce	re çu	ri de	ro be	ru de
sa ge	se mé	si re	so le	sû re
ta re	te nu	ti ge	to le	tu be
va se	ve lu	vi ce	vo le	vu e
ta xa	se xe	e xi lé	exo de	lu xu re
za ni	zé ro	zi za nie	zô ne	a zu ré

Second Tableau.

1	2	3	4	5
bla	ble	bli	blo	blu
cla	cle	cli	clo	clu
fla	fle	fli	flo	flu
gla	gle	gli	glo	glu
pla	ple	pli	plo	plu
bra	bre	bri	bro	bru
cra	cre	cri	cro	cru
dra	dre	dri	dro	dru
fra	fre	fri	fro	fru
gra	gre	gri	gro	gru
pra	pre	pri	pro	pru
tra	tre	tri	tro	tru
vra	vre	vri	vro	vru

Exercice sur les quatre sortes d'e.

ble	blé	blè	blê	sa ble
cle	clé	clè	clê	ra cle
gle	glé	glè	glê	ré glé
pre	pré	prè	prê	prê tre
tre	tré	trè	trê	trè ve

Seconde Leçon.

1	2	3	4	5
blâ me	ta ble	é ta bli	blo ti	blu té
cla pi	clé ri	cli que	clo re	clu se
fla que	flé tri	fli bot	flo re	flû te
gla ce	glè be	é gli se	glo be	glu e
pla ce	plè ge	pli é	plo que	plu me

1	2	3	4	5
bra ve	brève	bri de	bro de	brû lé
cra be	crê te	cri me	cro qué	re cru
dra pe	drè ge	Dri na	drô le	dru i de
fra gi le	frè ne	fri re	fro ma ge	fru ga le
gra ce	grè ve	gri ma ce	gro mè le	gru gé
pra me	prê té	pri ve	prô ne	pru ne
tra ce	trè ve	tri bu	trô ne	tru i te
li vra	lè vre	I vri	i vro gne	. . .

Exercice sur les quatre sortes d'e,
En mots de trois syllabes.

e	é	è	ê	pi é té
a do re	é le vé	ga lè re	Genêve	é bè ne
ha bi le	ré vé ré	sé vè re	ca rê me	al té ré
ca li ce	mé ri té	Hé lè ne	dé mê le	fe nê tre
pa ro le	é qui té	mo dè le	sal pê tre	co mè te
ho no re	vé ri té	co lè re	su prê me	pla nè te

Troisième Tableau.

1	2	3	4	5
cha	che	chi	cho	chu
gna	gne	gni	gno	gnu
gua	gue	gui	guo	gu
sca	sce	sci	sco	scu
spa	spe	spi	spo	spu
sta	ste	sti	sto	stu
illa	ille	illi	illo	illu
ya	ye	yi	yo	yu
ab	eb	ib	ob	ub
ac	ec	ic	oc	uc
ad	ed	id	od	ud
ag	eg	ig	og	ug
af	ef	if	of	uf
al	el	il	ol	ul
an	en	in	on	un
ap	ep	ip	op	up
ar	er	ir	or	ur
as	es	is	os	us

Troisième Leçon.

1	2	3	4	5
cha pe	ché ri	Chi ne	chô mé	chu te
si gna	vi gne	di gni té	i gno re	. . .
vo gua	gué ri	gui de	. . .	Pé gu
sca re	scè ne	sci e	sco li e	Scu ta ri
spa tu le	spé ci al	spi ra le	spo li é	. . .
sta de	stè re	sti pu lé	sto ï que	stu pi de
tail la	pail le	fail li	bil lot	. . .
pa ya	ra yé	Yié ti	Yon ne	Yu ma
ab so lu	Ho reb	Sa ib	ob te nu	. . .
ac ti ve	Ecba ta ne	pi c	oc ta ve	Ba ruc
ad mi re	ed da	Pid na	Pod zo	tal mud
ag gra ve	Eg mo re	ig né	Og	Sa rug
af fi ne	ef fa ré	if	of fi ce	tuf
al tè re	el le	il lus tre	vol ti ge	Sul pi ce
An ne	en ne mi	in no ve	hon ni	. . .
ap si de	sep	hip pe	op te	hup pe
ar ro se	er mi te	ir ri te	or du re	Ur mi a
as pi re	es ti me	Is ra el	os si fi e	us ti on

Quatrième Tableau.

1	2	3	4	5
bal	bel	bil	bol	bul
cal	cel	cil	col	cul
dal	del	dil	dol	dul
fal	fel	fil	fol	ful
gal	gel	gil	gol	gul
hal	hel	hil	hol	hul
lal	lel	lil	lol	lul
mal	mel	mil	mol	mul
nal	nel	nil	nol	nul
pal	pel	pil	pol	pul
qual	quel	quil	quol	quul
ral	rel	ril	rol	rul
sal	sel	sil	sol	sul
tal	tel	til	tol	tul
val	vel	vil	vol	vul
xal	xel	xil	xol	xul
zal	zel	zil	zol	zul
chal	chel	chil	chol	chul
gnal	gnel	gnil	gnol	gnul
yal	yel		yol	. . .

Quatrième Leçon.

1	2	3	4	5
bal le	bel le	Bıl ba o	Bol se na	bul be
cal cul	cel le	va cil ler	ré col te	cul te
dal ma te	fi cel le	cé dil le	le dol	a dul te
fal ba la	Fel tre	fil tre	fol le	Ful de
é gal	dé gel	gil le	gol fe	. . .
hal te	Ja hel	Hil be	Hol me	Hul me
l'Al le	l'El be	Lil le	Lol lar	Lul li
a ni mal	fe mel le	mil le	bé mol	tu mul te
ca nal	co lo nel	le Nil	. . .	nul le
pal pi te	pel le	Pil lè re	pol lué	pul pe
. . .	le quel	ce qu'il	. . .	. . .
ru ral	na tu rel	vi ril	Ty rol	Bé rul le
sal ve	mis sel	sil ve	pa ra sol	Sul mo ne
to tal	tel le	a-t-il	tol lé	Tul le
ri val	vel te	ci vil	ré vol te	vul ga te
e xal te	Te xel	e xil	. . .	e xul cè re
na zal	Cha zel le	Bré sil	Pou zo le	Zul mé
ma ré chal	Mi chel	Chil de	Mi chol	. . .
si gnal	a gnel	. . .	Es pa gnol	. . .
lo yal	vo yel le	. . .	Fa yol	. . .

Cinquième Tableau.

1	2	3	4	5
bar	ber	bir	bor	bur
car	cer	cir	cor	cur
dar	der	dir	dor	dur
far	fer	fir	for	fur
gar	ger	gir	gor	gur
har	her	hir	hor	hur
jar	jer	jir	jor	jur
lar	ler	lir	lor	lur
mar	mer	mir	mor	mur
nar	ner	nir	nor	nur
par	per	pir	por	pur
quar	quer	quir	quor	quur
rar	rer	rir	ror	rur
sar	ser	sir	sor	sur
tar	ter	tir	tor	tur
var	ver	vir	vor	vur
xar	xer	xir	xor	xur
zar	zer	zir	zor	zur
yar	yer	. . .	yor	. . .
char	cher	chir	chor	chur
gnar	gner	gnir	gnor	gnur
guar	guer	guir	guor	gur
illar	iller	illir	. . .	. . .

Cinquième Leçon. 11

1	2	3	4	5
bar be	ber cé	su bir	bor dé	bur les que
car de	cer cle	far cir	cor de	cur si ve
dar dé	der me	ver dir	dor mir	dur cir
far dé	fer me	af fir mé	for ce	fur ti ve
gar de	ger me	ru gir	gor ge	Sé gur
har di	her be	tra hir	hor de	hur le
jar re	j'er re	j'ir ri te	ma jor	Jur ju ra
lar me	al ler	sa lir	l'or dre	Lur cy
mar di	mer ci	fré mir	mor dre	mur mu re
Nar bon ne	ner vé	fi nir	A gé nor	Nur na gor
par ti	per te	gla pir	por té	pur ger
quar ré	é quer re	. . . .	. . . .	. . . .
A rar	as su rer	qué rir	. . . .	chi rur gie
sar de	ser vir	dé sir	sor te	sur di té
tar der	ter tre	sor tir	tor du	fu tur
var lo pe	ver tu	vir gu le	Vor de	Vur tem berg
. . . .	e xer cé	é li xir	e xor de	An xur
ha zard	bla zer	Al gé zir	A zor	a zur
Yar mouth	ba la yer	. . . .	Yorck	. . . .
char mer	cher cher	blan chir	. . . .	. . . .
mignard	lor gner	. . . .	si gnor	ro gnu re
Guar da fui	guer re	lan guir	. . . .	. . . .
pil lard	quil ler	fail lir	. . . .	. . . .

Sixième Tableau.

1	2	3	4	5
as	es	is	os	us
bas	bes	bis	bos	bus
cas	ces	cis	cos	cus
das	des	dis	dos	dus
fas	fes	fis	fos	fus
gas	ges	gis	gos	gus
has	hes	his	hos	hus
jas	jes	jis	jos	jus
las	les	lis	los	lus
mas	mes	mis	mos	mus
nas	nes	nis	nos	nus
pas	pes	pis	pos	pus
ras	res	ris	ros	rus
sas	ses	sis	sos	sus
tas	tes	tis	tos	tus
vas	ves	vis	vos	vus

Récapitulation des six Leçons précédentes.

é cla te	ré flé ter	pla que	é cri re	cru di té
fri su re	gros si ra	gru e	pro pre té	é clo re
dra me	cha pel le	vo gue	sti mu le	ab ju ré
dur ci ra	jus ti ce	ap por té	ac cor de	ef fa cé
ar ra che	ap pli qué	le bec	sca ri fi e	di vul gue
tis ser	ves pé ral	an né e	tar dif	si gne
pul lu lé	pré pa ré	ful mi ne	co lon ne	é po que

Sixième Leçon.

1	2	3	4	5
as tre	es ti me	is su	Os ti e	Us sel
bas que	bes ti o le	bis tre	bos su	bus te
cas te	ces te	cis te	cos tu me	cus to de
Mi das	des ti né	dis que	dos si er	dus sé-je
fas te	ma ni fes te	fis tu le	fos sé	fus ti gé
gas te	ges te	gis se	Sa ra gos se	Gus ta ve
has té	Hes se	his ser	hos ti e	hus sard
j'as pi re	j'es ti me	. . .	. . .	jus que
las ser	l'es ti me	lis ser	Los se	lus tre
mas qué	mes se	mis sel	mos qué e	mus qué
n'as pi re	fu nes te	ver nis ser	. . .	Vé nus
pas cal	pes te	pis to le	pos te	pus tu le
ras su ré	res te	ris que	ros se	rus ti que
s'as su re	s'es ti mer	sis tre	Sé sos tris	des sus
tas se	dé tes te	ar tis te	. . .	vé tus té
vas te	ves te	vis cè re	. . .	. . .

Récapitulation des six Leçons précédentes.

né go ce	quo ti té	pi lo ri	Hé ro de	fu nes te
pi ra te	pos sé dé	né fas te	despote	il lus tre
po è te	Bil ba o	pi lu le	hé ri ter	pi qu re
ju ge	quê te	qua si	fi nir	zè bre
vi der	Clo til de	As tol phe	fi dè le	sol fè ge
gra ci é	Clo do mir	si gna lé	cra va te	gra du é
crê me	Drô me	gros sir	glis ser	clo se

2

Septième Tableau.

1	2	3	4	5
ac	ec	ic	oc	uc
bac	bec	bic	boc	buc
chac	chec	chic	choc	chuc
dac	dec	dic	doc	duc
fac	fec	fic	foc	fuc
lac	lec	lic	loc	luc
mac	mec	mic	moc	muc
nac	nec	nic	noc	nuc
pac	pec	pic	poc	puc
rac	rec	ric	roc	ruc
sac	sec	sic	soc	suc
tac	tec	tic	toc	tuc

Mots de trois et de quatre syllabes.

Rac com mo der, cru di té, car di nal, as per ge, pu di que, dé fal qué, pra ti qué, fri vo li té, thé o lo gal, ma dri gal, cap ti vi té, sté ri li té, é plu ché, chas te té, e xas pé rer, ho mo lo gué, spé cu la tif, zo o phy te, o ri gi nal, oc ca si on, i ni qui té, sé né chal, com mu ni qué, cha gri né.

Septième Leçon.

1	2	3	4	5
ac	ec	ic	oc	uc
ta bac	Bol bec	a lam bic	boc cal	buc cin
Chac tas	é chec	. . .	le choc	. . .
dac ty le	Val dec	dic te	doc te	ca duc
fac tu re	in fec té	fic tif	. . .	. . .
un lac	lec tu re	lic teur	l'oc ta ve	Luc
es to mac	la Mec que	mic mac	. . .	. . .
Nac ca rie	nec tar	Por nic	noc tur ne	. . .
pac te	pec to ral	un pic	vic ti me	. . .
ca rac tè re	rec ti fi e	tric trac	le roc	Ba ruc
sac ca de	sec te	sic ci té	le soc	suc cè de
tac ti que	tech ni que	tic tac	toc tin	stuc

Mots de trois et de quatre syllabes.

É che ve lé, phé no mè ne, as tro no me, a mer tu me, ac ti vi té, ba ya dè re, ma jo ri té, dé ci mè tre, ur ba ni té, hec ta re, dé ci mal, é pis co pal, si gna lé, fi gu ra tif, ba yo net te, fra gi li té, es quis sé, é gra ti gné, im pé ra tif, di gni té, som mi té, ré tro gra der, ho ros co pe, al tes se, at ti rer, com pas sé.

Huitième Tableau.

1	2	3	4	5
an	en	in	on	un
ban	ben	bin	bon	bun
can	cen	cin	con	cun
dan	den	din	don	dun
fan	fen	fin	fon	fun
gan	gen	gin	gon	gun
han	hen	hin	hon	hun
jan	jen	jin	jon	jun
lan	len	lin	lon	lun
man	men	min	mon	mun
nan	nen	nin	non	nun
pan	pen	pin	pon	pun
quan	quen	qui	quon	qu'un
ran	ren	rin	ron	run
san	sen	sin	son	sun
tan	ten	tin	ton	tun
van	ven	vin	von	vun
xan	xen	xin	xon	xun
zan	zen	zin	zon	zun
yan	yen	yen	yon	yun

Huitième Leçon.

1	2	3	4	5
an se	en tre	In de	on de	un dé
ban de	Ben ga le	Sa bin	bon bon	tri bun
can di	cen tre	cin tre	con te	cha cun
dan se	den té	din de	din don	Ver dun
fan ge	fen du	la fin	fon dé	dé funt
gan se	gen re	en gin	gon do le	Gun ga di
han té	Hen ri	Hindou	hon te	les Huns
jan te	j'en tre	j'in vi te	du jonc	à jeûn
lan ce	len te	lin ge	l'on de	lun di
man dé	men ti	min ce	mon de	com mun
nan ti	Nen sa	be nin	non ce	Nun da bar
pan se	pen dre	pin cé	pon ce	Pun ga nor
quan ti té	élo quen ce	quin ze	pi quons	quel qu'un
ty ran	ren te	rin cé	ron de	I run
san té	sen tir	sin ge	son dé	Sund
tan te	ten té	tin ter	ton du	Au tun
van té	ven du	vin dic te	sa yon	. . .
Xan the	e xem ple	Eu xin	Sa xon	. . .
ju zan	. . .	du zing	Su zon	Zun gar
fu yant	mo yen	. . .	Ly on	Yung

Neuvième Tableau.

1	2	3	4	5
am	em	im	om	um
bam	bem	bim	bom	bum
cam	cem	cim	com	cum
dam	dem	dim	dom	. . .
gam	gem	gim	gom	. . .
ham	hem	him	hom	hum
jam	jem	jim	jom	. . .
lam	lem	lim	lom	lum
mam	mem	mim	mom	. . .
nam	nem	nim	nom	. . .
pam	pem	pim	pom	. . .
ram	rem	rim	rom	rum
sam	sem	sim	som	sum
tam	tem	tim	tom	tum
vam	vem	vem	vom	. . .

Mots de trois, quatre et cinq syllabes.

Ba tail le, ab sur di té, sté ri le, plu ra li té, pro nos ti qué, ac com mo der, a no ny me, phi lo so pher, dif fi cul té, ob ser ve ra, pro ver bi al, dé gus té, ex ter mi na, cor rec tif, ro cail le, di ver si fi er, ma gna ni mi té, as tro no mi que, dé sor ga ni sé, nu mé ro ta ge, fa mil les, pi ri tu el, cha ri ta ble, ef fec ti ve, fé o da li té, ad mi nis trer, li bé ra li té, mé ri di o nal, pro di ga li té, per sé cu ter, i nar ti cu lé, né go ci e ra, dé sa gré a ble, mo di fi e ra, pré mé di té, in du bi ta ble, con di ti on, sen si ble.

Neuvième Leçon.

1	2	3	4	5
am ple	em pi re	im pi e	om bre	um ble
bam bo che	Bem bé	bim be lot	bom bar de	Bum bo
cam per	. . . .	cym ba le	com pas	Cum ber land
Dam pi er re	Dem bé a	d'im plo rer	Dom bes	par fum
gam ba de	Gem bitz	Gim born	gom pho re	. . . .
Ham bourg	Hem bach	. . . .	hom ma ge	hum ble
jam be	j'em por te	j'im plo re	j'om bre	. . . .
lam per	l'em pi re	lim be	lom bes	Lum bier
Mam pa va	mem bre	m'im por te	. . . .	. . . .
nam bou ri	n'em por te	n'im pli que	nom bre	. . . .
pam pre	Pem bro ke	pim bê che	pom pe	. . . .
ram pe	rem pli	. . . .	rom pu	Rum fort
Sam bre	sem bla ble	sim ple	som bre	Sum ba va
tam pon	tem ple	tim bre	tom ber	Tum bez
vam pi re	Zam pa	Zim bo a	Zim ba o	. . . .

Mots de trois, quatre et cinq syllabes.

A mo vi ble, di la ta ble, cu ri o si té, pro ba ble, a ma bi li té, vo lu bi li té, i nu ti li té, gros si è re té, a bo mi na ble, ad mi nis tra tif, bi bli o thè que, dé ci si ve, cé ré mo ni e, é che ve lé, hor lo ge, son ne ra, cap ti vi té, pri è re, jar di ni er, cor ri dor, es ca la de, ré tro gra de, mor ta li té, mul ti pli er, li bé rer, ag glu ti né, é pi lo gue, sub ti li se ra, na ti vi té, o ri gi na le, for ti fi er, com pas ser, im pi é té, con tem pler, tom be ra, in tri gant, con san guin, va can ce, com pli qué.

Dixième Tableau.

1	2	3	1	2
blan	blin	blon	ai	oi
clan	clin	clon	bai	boi
flan	flin	flon	cai	coi
glan	glin	glons	çais	çois
plan	plin	plon	dai	doi
bran	brin	bron	fai	foi
cran	crin	cron	gai	goi
dran	drin	dron	jai	joi
fran	frin	fron	lai	loi
gran	grin	gron	mai	moi
pren	prin	prom	nai	noi
tran	trin	tron	pai	poi
vran	vrin	vron	quai	quoi
chan	chin	chon	rai	roi
gnan	gnin	gnon	sai	soi
guan	guin	guons	tai	toi
illant	. . .	illon	vai	voi

ei

bei	fei	pei	tei	plei
cei	nei	sei	vei	trei

Dixième Leçon.

1	2	3	1	2
blan che	Du blin	blon de	ai mer	oi son
clan des tin	dé clin	ra clons	bai se	boî te
flan qué	. . .	ron flons	cais se	coif fé
glan de	. . .	ré glons	Fran çais	Fran çois
plan te	plin te	plon gé	dai gne	doi té e
bran le	un brin	bron ze	fai re	foi re
é cran	du crin	Crons tad	gaî té	goî tre
ca dran	flan drin	chau dron	j'ai	la joie
Fran ce	chan frin	fron ton	lai de	Loi re
gran de	cha grin	gron de	mai gre	moi ré
pren dre	prin ce	promp te	naî tre	noi re
tran si	trin qué	tron qué	pai re	poi re
li vrant	. . .	li vrons	pi quait	quoi que
chan te	Co chin	tor chons	rai sin	roi te let
crai gnant	ma gnin	oi gnon	sai gné	soi ré e
vo guant	san guin	on guent	tai re	toi tu re
vail lan ce	. . .	bail lon	vais sel le	voi tu re

ei

bei ge	fei gne	pei ne	tei gne	plei ne
cei gne	nei ge	sei ze	vei ne	trei ze

Onzième Tableau.

1	2	1	2	3
es	et	ain	ein	oin
bes	bet	bain	bein	boin
ces	cet	cain	cein	coin
des	det	dain	dein	doin
fes	fet	faim	fein	foin
ges	get	gain	gein	goin
jes	jet	jain	jein	join
les	let	lain	lein	loin
mes	met	main	mein	moin
nes	net	nain	nein	noin
pes	pet	pain	pein	poin
qu'es	quet	rain	rein	roin
res	ret	sain	sein	soin
ses	set	tain	tein	toin
tes	tet	vain	vein	voin
ves	vet	grain	prein	groin
cres	cret	train	plein	. . .
pres	pret	frain	frein	. . .
gret	guet	chain	crain	. . .
tres	plet			
chet	illet			

est

| c'est | l'est | m'est | n'est | qu'est |
| s'est | | | | |

Onzième Leçon.   23

1	2	1	2	3
. . .	. . .	ain si	fein dre	oin dre
bes ti al	bet te	un bain	. . .	ba boin
ces te	cet te	A fri cain	cein tre	un coin
des po te	det te	dé dain	. . .	bé doin
fes ti ne	ef fet	la faim	fein te	du foin
ges te	. . .	le gain	gein dre	goin fre
j'es pè re	jet te	. . .	. . .	join tu re
les te	let tre	vi lain	. . .	loin tain
mes sa ge	met tre	de main	le Mein	le moins
Nes tor	net te	un nain	. . .	. . .
pes te	pet to	du pain	pein tre	poin tu
qu'es-tu	pi quet	Rain ci	les reins	. . .
res te	mi na ret	sain te	le sein	le soin
ses si on	sept	é tain	tein tu re	tin toin
tes ter	pro têt	le vain	. . .	. . .
ves te	re vet	du grain	em prein te	le groin
cres son	dis cret	le train	plein	. . .
pres se	prêt	re frain	un frein	. . .
re gret te	guet ter	pro chain	crain dre	. . .
tres ser	com plet			
cro chet	bil let			

est

c'est cela	il l'est	il m'est dû	il n'est pas	qu'est-ce
il s'est tué				

Douzième Tableau.

1	2	3	4	5
ia	ie	oi	ue	ui
bia	bie	bio	bue	bui
cia	cie	cio	cue	cui
dia	die	dio	due	dui
fia	fie	fio	fue	fui
gia	gie	gio	gue	gui
lia	lie	lio	lue	lui
mia	mie	mio	mue	mui
nia	nie	nio	nue	nui
pia	pie	pio	pue	pui
ria	rie	rio	rue	rui
sia	sie	sio	sue	sui
tia	tie	tio	tue	tui
via	vie	vio	vue	vui
cria	crie	crio	crue	crui
chia	grie	. . .	grue	brui
tria	trie	trio	true	trui
plia	plie	plio	pliu	plui
pria	prie	prio	prue	prui

Récapitulation.

Con fis qué, An dri no ple, Jos se lin, man dril le, ré pu di a, ma la die, vin di ca tif, vol can, suc ces sif, mu guet, oi si ve té, hoi rie, voi ci, se cret, mon ta gne, in di gni té, Lom bard, trin gle, poi vre, lom bri cal, Fin lan de, noi set te, boi re, plai ne, dé plai sir, suc cès, con gé di é, mi o pe, loi sir.

Douzième Tableau.

1	2	3	4	5
la bi a le	gam bi e	ba bi o le	im bu e	du buis
re mer ci a	sci e	ci o tat	dé çu e	cui re
di a dê me	dé di e	i di o me	per du e	en dui re
fia cre	cer ti fi e	fi o le	. . .	fui te
Bor gi a	bou gi e	a da gi o	ai gu ë	gui ta re
hu mi li a	jo li e	. . .	sa lu e	lui re
mi as me	a mi e	mi o le	il mu e	un muids
il ni a	a va ni e	Ni ort	me nu e	nui re
é pi a	la pi e	pi o cher	re pu e	puits
ma ri a ge	mai ri e	ri o ter	mo ru e	rui né
Si am	pleu ré si e	. . .	sang su e	sui te
ti a re	or ti e	bas ti on	il tu e	tui le
en vi a	en vi e	vi o lon	bé vu e	vui dé
dé cri a	rem pli e	. . .	pli u re	plui e
ma chi a vel	ap pro pri e	pri o ri té	. . .	prui ne
il tri a	dé cri e	. . .	re cru e	. . .
re pli a	. . .	. . .	dé chu e	. . .
il pri a	flé tri e	tri o let	. . .	au trui

Récapitulation.

ap prêt	il tri plait	grim pe	cein tu re	be soin
res treint	re gret ter	pa quet	un point	ca chet
gui mauve	pla cet	plai re	moi ne	grin cé
va let	cha pe ron	il joint	fai san	un jet
il voy ait	tu plai ras	ci gu ë	feuille ton	ai guil le
sci a ge	pi as tre	fi nes se	li as se	dic ta tu re

Treizième Tableau.

1	2	3	4	5
au	eau	eu	ou	oi
bau	beau	beu	bou	boi
cau	ceau	ceu	cou	coi
dau	deau	deu	dou	doi
fau	feau	feu	fou	foi
gau	geau	gueu	gou	goi
hau	heau	heu	hou	hoi
jau	jeau	jeu	jou	joi
lau	leau	leu	lou	loi
mau	meau	meu	mou	moi
nau	neau	neu	nou	noi
pau	peau	peu	pou	poi
quau	queau	queu	qu'ou	quoi
rau	reau	reu	rou	roi
sau	seau	seu	sou	soi
tau	teau	teu	tou	toi
vau	veau	veu	vou	voi
xau	xeau	xeu	xou	xoi
zau	zeau	zeu	zou	zoi
yau	yeau	yeu	you	yoi

Treizième Leçon.

1	2	3	4	5
au ne	eau	Eu ro pe	ou tre	oi sif
bau me	cor beau	beur re	bou le	boi re
cau se	ber ceau	ceux-ci	cou te	coif fe
dau be	ban deau	hi deux	dou te	doi ve
fou le	. . .	feu tre	fou le	foi re
Gau le	Far geau	gueu le	gou te	goi tre
hau te	heau me	heu re	hou pe	hoi ri e
jau ne	tré feu jeau	jeu di	jou te	joi e
l'au be	bou leau	leu re	lou ve	loi sir
mau ve	cha meau	meu le	mou le	moi ne
nau sé e	an neau	neu ve	nou er	noi re
pau se	cha peau	peu ple	pou ce	poi re
jus qu'au	qu'eau	a queux	qu'où	pour quoi
rau que	tau reau	peu reux	rou lé	le roi
sau ce	bois seau	seu le	sou dé	soi e
tau pe	ba teau	quin teux	Tou lon	toi le
vau tre	ni veau	veu ve	vou te	voi ci
. . .	. . .	. . .	. . .	. . .
. . .	bi zeau	. . .	. . .	. . .
noy au	. . .	joy eux	. . .	voy ait

Quatorzième Tableau.

1	2	3	1	2
eur	our	oir	ail	il le
beur	bour	boir	bail	bil le
ceur	. . .	çoir	dail	dil le
cœur	cour	. . .	fail	fil le
deur	dour	doir	gail	pil le
feur	four	foir	jail	quil le
geur	. . .	geoir	mail	ril le
gueur	gour	. . .	nail	sil le
jeur	jour	joir	pail	til le
leur	lour	loir	rail	
meur	mour	moir	sail	euil
neur	nour	noir	tail	ceuil
peur	pour	poir	vail	cueil
queur	quour	quoir	———	deuil
reur	rour	roir	eil	feuil
seur	sour	soir	beil	gueil
teur	tour	toir	leil	neuil
veur	vour	voir	meil	reuil
cheur	chou	choir	neil	seuil
gneur	. . .	gnoir	peil	teuil
yeur	your	yoir	reil	veuil
illeur	. . .	. . .	seil	œil
			veil	
air	lair	blair	chair	pair

Quatorzième Leçon. 29

1	2	3	1	2
heur	un ours	hoir	ail la de	. . .
la beur	la bour	. . .	un bail	ba bil le
dou ceur	. . .	per çoir	mé dail le	cé dil le
le cœur	cour te	. . .	fail li	la fil le
ar deur	A dour	bou doir	go gail le	il pil le
Feurs	four ni	. . .	jail lir	des quil les
man geur	. . .	bou geoir	é mail	dril le
li gueur	gour mé	. . .	ca nail le	sil le
ma jeur	jour nal	. . .	pail le	pé til le
va leur	lour de	vou loir	co rail	
ra meur	a mour	fer moir	sail lir	euil
me neur	nour ri	le noir	tail lé	lin ceuil
va peur	pour vu	es poir	vail lan ce	cueil lir
pi queur	qu'our di	. . .		le deuil
ti reur	. . .	. . .	eil	feuil le
bras seur	sour de	bon soir	a beil le	or gueil
chan teur	tour né	bat toir	som meil	Ver neuil
fa veur	Vour les	re voir	Cor neil le	é cu reuil
blan cheur	. . .	mou choir	Peil lon	le seuil
sei gneur	. . .	pei gnoir	pa reil	fau teuil
fra yeur	. . .	. . .	seil le	veuil le
meil leur	. . .	. . .	veil le	œil let

| bel air | là l'air | Blair | la chair | un pair |

Quinzième Tableau.

ouil	bouil	couil	douil	fouil
gouil	houil	mouil	nouil	pouil
rouil	souil	trouil	. . .	. . .

1	2	3	4	5
i an	i en	i on	i eu	i ai
bi an	bi en	bi on	bi eu	bi ai
ci an	ci en	ci on	ci eu	ci ai
. . .	chi en	. . .	. . .	. . .
cri an	dri en	cri on	tri eu	cri ai
di an	di en	di on	di eu	di ai
fi an	fi en	fi on	fi eu	fi ai
gi an	gi en	gi on	gi eu	gi ai
li an	li en	li on	li eu	li ai
mi an	mi en	mi on	mi eu	mi ai
ni an	ni en	ni on	ni eu	ni ai
pi an	pi en	pi on	pi eu	pi ai
ri an	ri en	ri on	ri eu	ri ai
si an	si en	si on	si eu	si ai
ti an	ti en	ti on	ti eu	ti ai
vi an	vi en	vi on	vi eu	vi ai

Quinzième Leçon. 31

ouil	bouil lir	couil laut	douil le	fouil le
gar gouil le	houil le	mouil le	gre nouil le	pouil les
rouil le	souil le	pa trouil le	. . .	. . .

1	2	3	4	5
i an	i en	i on	i eu	i ai
Gu bi an	Fa bi en	Bi on	. . .	bi ai ser
sou ci ant	Lu ci en	re mer ci ons	les ci eux	re mer ci ais
. . .	un chien	. . .	. . .	. . .
s'é cri ant	A dri en	cri ons	tri eu se	je cri ai
dé di ant	Gor di en	dé di ons	a di eu	je dé di ai
se fi ant	. . .	dé fi ons	. . .	je dé fi ai
. . .	Gi en	bou gi ons	. . .	. . .
dé li ant	Ju li en	mê li ons	mi li eu	li ai son
a mi an te	Da mi en	li mi ons	Cré mi eux	. . .
ma ni ant	. . .	u ni on	. . .	ni ai se
é pi ant	Ap pi en	es pi on	é pi eu	j'é pi ais
ri ant	un ri en	pour ri ons	fu ri eux	je ri ais
. . .	le si en	pos ses si on	mon si eur	. . .
Gra ti an	pa ti en ce	cau ti on	cap ti eux	. . .
vi an de	il vien dra	rê vi ons	en vi eux	. . .

Seizième Tableau.

1	2	3	4	5
blai	bleau	bleu	bloi	blou
clai	clau	cleu	cloi	clou
flai	flau	fleu	floi	flou
glai	glau	gleu	gloi	glou
plai	plau	pleu	ploi	plou
brai	brau	breu	broi	brou
crai	crau	creu	croi	crou
drait	drau	dreu	droi	drou
frai	frau	freu	froi	frou
grai	grau	greu	groi	grou
prai	prau	preu	proi	prou
trai	trau	treu	troi	trou
vrai	vreau	vreu	. . .	vrou
chai	chau	cheu	choi	chou
gnai	gne au	gneu	gnoi	. . .
guait	. . .	gueu	quoi	quou
il lait	il lau	il leu	. . .	il lou

Récapitulation.

gril let	en grais	croi re	é crou er	sour nois
tour te	dé gout	i voi re	tra vail	ré veil
œil la de	sau teur	bril ler	froi deur	bau det
li brai re	cail le	tri an gle	stè re	blai se
si gnant	a man de	cho quant	che vreuil	ca val ca de
. . .	que nouil le	brouil lon	va cil le	bi en fait

Seizième Leçon.

1	2	3	4	5
blai reau	ta bleau	du bleu	à Blois	é bloui
clai re	Clau de	. . .	cloî tre	clou é
flai ré	. . .	fleu ri	Floi rac	St Flour
glai ve	glau que	. . .	gloi re	glou ton
plai re	ap plau di	pleu re	ex ploit	. . .
brai se	. . .	hé breu	bro yait	brou té
crai gne	. . .	creu sé	croî tre	crou te
fau drait	. . .	à Dreux	droi te	. . .
frai se	frau de	af freux	froi de	frou er
grai ne	. . .	. . .	. . .	grou pe
prai ri e	. . .	preu ve	proi e	prou ve
trai té	. . .	char treux	é troit	trou pe
vrai ment	che vreau	E vreux	. . .	. . .
chai ne	chau de	fa cheux	choi sir	un chou
crai gnait	a gneau	soi gneux	é tei gnoir	. . .
vo guait	. . .	gueu le	quoi que	jus qu'ou
va cil lait	Guil lau me	fril leux	. . .	cail loux

Récapitulation.

so leil	œil let	tour men té	i vrai e	vail le
an chois	ges ti on	cer feuil le	pen dil le	Cor neil le
cour ti ne	é brui ter	fer veur	clai ron	ai rain
fac teur	bou din	at trait	dé cil le	chan ceux
po li chi nel	vul ga te	ob jec tif	re li ef	chas te té
bouil lant	mouil la ge	o di eux	brouil lard	en vi ait

E final a pour sons correspondans *es* et *ent*.

es   Tu dînes, tu apportes, tu forces, tu pries, les créatures, les tables, les hommes, tu risques, tu offres, tu donnes, les remarques, les portes.

ent   Ils lisent, ils donnent, ils gardent, elles dorment, ils plient, elles bénissent, ils crient, risquent, portent, offrent, meurent, crient, adorent, remuent, donnent.

É a pour sons correspondans *er*, *ers* et *ez*.

eé et *ers*   Verger, vergers, danger, bergers, boulanger, rochers, bûcher, clochers, cérisier, pommiers, poiriers, prunier, vitrier, exiger, sauter, menuisier, Xavier, raser, portiers, voituriers, février.

ez   Nez, assez, chez, sortez, venez, étudiez, organisez, récitez, venez.

È ouvert a pour sons correspondans *ai (ais, ait, aient)*, *ei*, *et* et *es*.

ai   Aile, laine, graine, aîné, chaine, tu venais, il venait, ils allaient, tu dinais, il suait, ils traçaient, il saluait, tu pliais, maire, mais, jamais, laquais, il plait.

ei   Veine, baleine, seigneur, peine, reine, la Seine, neige, seize, seigle, pleine, treize, peigne, enseigne.

et   Fouet, gousset, effet, bouquet, toupet, regret, placet, projet, poulet, briquet, roquet, cadet.

es   Les, des, mes, tes, ses, ces, tu es.

An a pour sons correspondans *en, am, em, aen* et *aon*.

en   Endroit, enfant, entêté, entier, entrée, envie, environ, enduit, encavé, ennui, enfin, défense, cendre, vendre.

am   Campagne, tambour, lampe, chambre, flambeau, champ, framboise, crampon, lambris, camper, ample, ambassade.

em   Empire, emploi, embraser, empereur, membre, temple, tempête, empêcher, semblable, assemblage, trembler, étempe.

aen, aon   Caen, paon, taon, faon, Laon.

---

eu a pour sons correspondans *œu, œi*.

OEuvre, vœux, nœud, œufs, manœuvre, œuvé, œillet.

---

in a pour sons correspondans *ain, aim, ein, en, im, yn* et *ym*.

ain   Ainsi, bain, main, pain, crainte, vainqueur, airain, demain, prochain, train, soudain, parrain, vilain, sainte, gain.

aim   Essaim, daim, faim.

ein   Teinture, sein, dessein, frein, peintre, ceinture, enceinte, atteint, plein, reins, éteindre, serein.

en   Mentor, européen, examen, Benjamin, vendéen, néméen.

im   Impie, timbre, grimpé, imposteur, impoli, imbibé, imbécille, regimber, simple, imprimeur.

yn et *ym*   Syndic, syntaxe, symbole, symptôme, nymphe, synthèse, syncope, syncrétisme, sympathie.

O a pour sons correspondans *au* et *eau; aux* et *eaux*.

au — Aune, baume, jaune, haute, épaule, gauche, défaut, chaud, échafaud, cause, sauce, pause, fausse, paume.

eau — Beau, rideau, château, rouleau, bouleau, marteau, ciseau, troupeau, tonneau, manteau, nouveau.

aux — Travaux, rivaux, de la chaux, une faulx, des maux, égaux, canaux, généraux, le taux, quintaux.

eaux — Des anneaux, des tonneaux, carreaux, tableaux, des taureaux, tréteaux, les corbeaux, les sceaux.

---

on a pour son correspondant *om*.

om — Ombre, sombre, trombe, compère, trompé, tombé, plomb, rompu, prompt, comte, d'aplomb, bombe, pompe, pronom, tombeau, compter.

F a pour correspondant *ph*.

ph — Philosophie, phrase, phase, géographie, phosphore, Joseph, Sophie, Pharaon, phénomène, phénix, phoque, pharmacie, hémisphére, orthographe, physique.

J a pour correspondans G devant *e* et *i;* et GE devant *a, o, u*.

G — Givre, général, giberne, genoux, gerbe, girafe, prodige, généreux, courage.

GE — Plongeon, mangeâmes, gageure, orgeat, chargeons, pigeon, geolier, Georges, villageois, tu mangeais, jugeons.

Q a pour sons correspondans *ch* et *c* devant *a*, *o*, *u*.

ch   Eucharistie, archange, Zacharie, Anachorète, chœur, chrétien, Christ, chronologie, chronique, écho, Melchisédec, Bacchus, chrysalide, chrome, chrême, chrémeau.

c   Canne, carpe, amical, coton, écorché, comme, coteau, cuber, cumule, culture, cure, cadet, Colas, curieux, hecatombe, accolé, écu.

R a pour correspondant *rh*.

rh   Rhabiller, rhagades, rhéteur, rhétorique, rhinocéros, rhombe, Rhône, Rhin, rhubarbe, rhume, rhumatisme, rhythme.

S a pour sons correspondant *ç*; *c* et *sc* devant *e* et *i*, et *t*.

ç   Leçon, reçu, aperçois, plaça, plaçons, déçu, conçûmes, reçois.

c   Cilice, cèdre, médecin, célèbre, cédille, circonstance, cirque, céder, citron.

sc   Science, escient, scie, scille, sciure, scission, scintiller, scène, sceau, scélérat, sceptique, scellé, sceptre.

t   Nation, impartial, ambitieux, nuptial, prophétie, facétie, Egyptien, essentiel, création, portion, invention, séditieux, attention, admiration, location.

T a pour correspondant *th*.

th   Théâtre, théologie, Timothée, Théodicée, thême, thermes, thaumaturge, thé, théisme, athée, théorème, théorie, thèse, thon, thuriféraire, thym, orthodoxe, sympathie, symphonie, épiphanie.

X se prononce *que-ce* dans les mots

x   Fixa, dextérité, fixation, prétexte, luxure, réflexion, circonflexe, Alexandre, fluxion, doxologie, il taxait, sexe, prétexte, maxime.

x se prononce *gue-ze* dans les mots
Examen, exil, exemple, exécuté, exigible, exaucé, exercice, existé, exarque, exalté, exagérer, exactitude, exaction.

x se prononce *z* dans les mots
Deuxième, sixième, dixième, sixaine, dixaine.
Il se prononce *ss* dans soixante.

Z a pour sons correspondant *s* dans les mots
Visite, misère, maison, église, poison, guérison, cousin, tisane, disant, toison, ruse, cause, rose, case, basé, basin, mesure, cerise, frison, grison.

Doubles consonnes.

Abbé, abbaye, sabbat, rabbin, abbesse, addition, additionnel, additionné, accordé, accommodé, accusé, accoutumé, Jacques, acquisition, acquitté, affaire, affront, effacé, officier, offense, griffe, coffre, buffet, suffoqué, souffrir, Allemagne, allongé, allumé, vallée, ville, collége, tranquille, commande, commerce, homme, pomme, bonnet, donne, sonné, honneur, monnaie, canne, année, bannière, appelé, apporté, oppose, appuyé, opprimé, nappe, houppe, arrangé, arrêté, arrosé, barre, barrière, carré, carriole, carrier, corrompu, marron, attache, atteler, attendre, flatte, botte, latte, natte, battu.

Lettres nulles au milieu et à la fin des mots.

*A*oût, S*a*ône, Jean, o*i*gnon, po*i*gnard, po*i*gnée, aon, paon, sang*s*ues, da*m*né, Ba*p*tiste, ba*p*tême, com*p*té, exem*p*tion, prom*p*t, se*p*t, plom*b*, estoma*c*, taba*c*, regar*d*, fusi*l*, dra*p*, galo*p*, cham*p*, doig*t*, château, ils donne*nt*, elles dire*nt*, volan*t*, ils aimaie*nt*, écri*t*, concer*t*, ra*t*, engrai*s*, sor*t*, goû*t*, pie*d*, ni*d*, vieillar*d*, cler*c*, cer*f*, étan*g*, outi*l*, cou*p*, repa*s*, discour*s*, siro*p*, choi*x*, voi*x*, fai*x*, crucifi*x*, poi*ds*, fon*ds*, vin*gt*, instin*ct*, cor*ps*, pui*ts*.

H *nul au commencement et au milieu des mots.*

Habile, habité, harmonie, haleine, herbe, heureux, heure, hier, histoire, hirondelle, hommage, homme, honneur, horloge, hôte, huile, huissier, huître, humeur, humain, Henri, humble, exhortation, exhalaison, rhume, méthode, thême, Rhône, luth, Nazareth.

H *aspiré au commencement et au milieu des mots.*

Le hangard, le hasard, le hareng, le haillon, les haricots, le Hâvre, le hénissement, la halle, la haie, la hallebarde, la hache, la halte, la harangue, la hardiesse, la harpe, la hauteur, la herse, la honte, la halte, la houlette, la huppe, haï, harcelé, happé, hérissé, heurté, hideux, hardi, cahier, cohue, cahot, cohorte, trahison, Bohême, ébahi, trahi.

Récapitulation générale.

Badine, rogné, obsèque, subjugué, Cologne, ratafiat, signala, adjuré, secte, Pologne, obtuse, Jacob, locatif, admise, direct, doctoral, mignardise, révulsif, lecture, abject, magicien, entendu, vendangeant, bagne, infusion, nonchalant, blesser, trait, écrivain, Seine, toilier, concret, district, exclusif, flageolet, stade, Sparte, exceptons, maquignon, rhétoricien, électif, poster, étoffe, scarie, méridien, convulsion, marcher, stipulé, hydre, transport, substance, canif, scandale, ponctuel, génuflexion, antistrophe, Agde, cosmographie, charron, arbitraire, trigonométrie, tronçon, stomachique, rectifiera, aqueduc, solstice, magnanime, exactitude, défection, transcendant.

Substance, astrologue, cordialement, démonstratif, extraordinairement, antiquaire, froidement, facteur, statique, comparativement, dictatorial, chirurgien, perspective, diamétralement, emblématique, dialecte, embarcation, économiquement, processionnellement, commissaire, anthropophage, athlétique, statistique, théologique, magnétique, malicieusement, gribouiller, admirablement, administrativement, blanchisserie, spontanément, dépeignait, consolation, ambligone, conversation, avertissement, exagération, Adolphe, concussionnaire, condescendre, il condescendrait, ils venaient, elles frapperaient, horizontalement, extrinsèque, ils brilleraient, Séraphique, Helvétie, grammaticalement, catapulte, soldatesque, sarigue.

JEANNOT ET COLIN.

Toutes les grandeurs de ce monde ne valent pas un bon ami.

Jeannot et Colin apprenaient à lire chez le Magister d'un même village. Jeannot était fils d'un marchand de mulets, et Colin devait le jour à un brave laboureur. Ces deux jeunes enfans s'aimaient beaucoup, et ils avaient ensemble les petites familiarités dont on se ressouvient toujours avec agrément, quand on se rencontre ensuite dans le monde.

Le temps de leurs études étaient sur le point de finir, quand un tailleur apporta à Jeannot un habit de velours de différentes couleurs, avec une veste de Lyon de fort bon goût, le tout était accompagné d'une lettre à M. de la Jeannotière. Colin admira l'habit et ne fut point jaloux ; mais Jeannot prit un air de supériorité qui affligea Colin. Dès ce moment, Jeannot n'étudia plus, se regarda au miroir, et méprisa tout le monde. Quelque temps après un valet-de-chambre arriva en poste, et apporta une seconde lettre à M. le marquis *de la Jeannotière*. C'était un ordre de M. son père de faire venir M. son fils à Paris. Jeannot monta en chaise en tendant la main à Colin avec un sourire de protection assez noble ; Colin sentit son néant, et pleura : Jeannot partit dans toute la pompe de sa gloire.

Il faut savoir que M. Jeannot père, à force d'intrigues, avait acquis assez rapidement des biens immenses dans les entreprises ; bientôt on ne l'appela plus que M. *de la Jeannotière* ; il y avait même déjà six mois qu'il avait acheté un marquisat, lorsqu'il retira de l'école M. le marquis son fils, pour le mettre à Paris dans le beau monde.

Colin, toujours tendre, écrivit une lettre de compliment à son ancien camarade ; le petit marquis ne lui fit point de réponse : Colin en fut malade de douleur.

M. de la Jeannotière voulait donner une éducation brillante à son fils, mais Mme la marquise ne voulut pas qu'il apprît le latin, parcequ'on ne jouait la comédie et l'opéra qu'en français, elle empêcha aussi qu'on ne lui apprît la géographie, parceque, disait-elle, les postillons sauront bien trouver, sans qu'il s'en embarrasse, le chemin de ses terres. Après avoir examiné de cette manière toutes les sciences utiles, il fut décidé que le jeune marquis apprendrait à danser.

On imagina bien qu'éloigné de toutes les études qui doivent occuper un jeune-homme, il fut bientôt conduit par l'oisivité dans le libertinage. Il dépensa des sommes immenses à rechercher de faux plaisirs, pendant que ses parens s'épuisaient encore davantage à vivre en grands seigneurs.

Une jeune veuve de qualité, qui n'avait qu'une fortune médiocre, voulut bien se resoudre à mettre en sûreté les grands biens de M. et Mme de la Jeannotière, en se les appropriant, et en épousant le jeune marquis. Les parens, éblouis de la splendeur de cette alliance, acceptèrent avec joie cette proposition. Tout était déjà prêt pour les nôces, et le jeune marquis recevait déjà des complimens de leurs amis communs, lorsqu'un valet-de-chambre de sa mère arriva tout effaré. Voilà bien d'autres nouvelles, dit-il, des huissiers déménagent la maison de M. et de Mme; tout est saisi par des créanciers; on parle de prise de corps, et je vais faire mes diligences pour être payé de mes gages. Voyons un peu, disait le marquis, ce que c'est que ça. Oui, dit la veuve, allez punir ces coquins, allez vîte. Il y courut; il arrive à la maison : son père était déjà emprisonné, tous les domestiques avaient fui chacun de leur côté, en emportant tout ce qu'il avaient pu : sa mère était seule, sans secours, sans consolation, noyée dans ses larmes; il ne lui restait rien que le souvenir de sa fortune et de ses folles dépenses.

Après que le fils eût long-temps pleuré avec sa mère, il lui dit : enfin, ne nous désespérons pas, cette jeune veuve m'aime, elle est plus généreuse que riche, je réponds d'elle, je vais la chercher, et je vous l'amène. Il retourne donc chez la veuve : Quoi! c'estvous, lui dit-elle, M. de la Jeannotière! Que venez-vous faire ici? Abondonne-t-on ainsi sa mère? Allez chez cette pauvre femme, et dites-lui que je lui veux toujours du bien; j'ai besoin d'une femme de chambre, je lui donnerai la préférence.

Le marquis, stupéfait, la rage dans le cœur, alla chez ceux qu'il avait vus venir le plus familièrement dans la maison de son père, ils le reçurent tous avec une politesse étudiée, et en ne lui donnant que de vagues espérances. Il apprit mieux à connaître le monde dans une demi-journée, que dans tout le reste de sa vie.

Comme il était plongé dans l'accablement du désespoir, il vit avancer une chaise roulant à l'antique, espèce de tombereau couvert avec des rideaux de cuir, suivi de quatre charrettes énormes toutes chargées. Il y avait dans la chaise un jeune-homme grossièrement vêtu; c'était un visage rond et frais qui respirait la douceur et la gaîté: sa petite femme, brune et assez grossièrement agréable, était cahotée à côté de lui. La voiture n'allait pas comme le char d'un petit-maître. Le voyageur eut tout le temps de contempler le marquis immobile, abîmé dans sa douleur. Eh! mon Dieu! s'écria-t-il, je crois que c'est-là Jeannot. Le petit homme rebondi ne fait qu'un saut, et court embrasser son ancien camarade. Jeannot reconnût Colin; la honte et les pleurs couvrirent son visage : tu m'as abandonné, lui dit Colin, mais tu as beau être grand seigneur, je t'aimerai toujours. Jeannot, confus et attendri lui conta en sanglotant une partie de son histoire. Viens dans l'hôtellerie où je loge me conter le reste, lui dit Colin, nous dînerons ensemble.

Ils vont tous trois à pied, suivi du bagage.... Qu'est-ce donc que tout cet attirail?.... Vous appartient-il? — Oui, tout est à moi et à ma femme; nous arrivons du pays; je suis à la tête d'une bonne manufacture de fer étamé et de cuivre; j'ai épousé la fille d'un riche négociant en ustensiles nécessaires aux grands et aux petits : nous travaillons beaucoup, Dieu nous bénit, nous n'avons point changé d'état, nous sommes heureux, nous aiderons notre ami Jeannot. Ne sois plus marquis; *toutes les grandeurs de ce monde ne valent pas un bon ami.* Tu reviendras avec moi au pays; je t'apprendrai le métier, il n'est pas bin difficile; je te mettrai de part, et nous vivrons gaîment dans le coin de la terre où nous sommes nés.

Jeannot éperdu, se sentait partagé entre la douleur et la joie, la tendresse et la honte, et il se disait tout bas : Tous mes amis du bel air m'ont trahi, et Colin, que j'ai méprisé, vient seul à mon secours; qu'elle instruction ! La bonté d'âme de Colin développa dans le cœur de Jeannot le germe d'un bon naturel, que le monde n'avait pas encore étouffé; il sentit qu'il ne pouvait abandonner son père et sa mère. Nous aurons soin de ta mère, dit Colin, et quand à ton bon homme de père qui est en prison, j'entends un peu les affaires, et je me charge des siennes. Il vint effectivement à bout de le tirer des mains des créanciers. Jeannot retourna dans sa patrie avec ses parens, qui reprirent leur première profession : il épousa une sœur de Colin, laquelle étant de même humeur que le frère, le rendit très-heureux, et Jeannot le père, et Jeannotte la mère, et Jeannot le fils virent que le bonheur n'est pas dans la vanité.

FIN.

www.ingramcontent.com/pod-product-compliance
Lightning Source LLC
LaVergne TN
LVHW021705080426
835510LV00011B/1600